お年寄りと楽しむゲーム&レク②

少人数で楽しむ
レクリエーション12ヵ月

今井弘雄

黎明書房

PREFACE はじめに

　わが国では，いま介護施設の機能や役割を見直す取り組みが進んでいます。それは介護保険が導入されてから色々な問題が見えてきて，高齢者の自立を支援するには従来の施設では限界があることがわかってきたからです。

　中でも「施設の前に人ありき」という基本理念をふまえ，地域に密着した多機能をそなえた小規模施設としての宅老所やグループホームなどが，最近，急速に増えてきました。また，老人保健施設などではユニットケアも始まっています。

　そのため，これら小規模施設などでのデイサービスとしてのレクリエーションも，集団で行うものから少人数の家族的で個人中心のものへと変化しなければならなくなってきました。

　そこで，このたび小規模の家族的な小集団のためのレクリエーションに取り組みました。その成果がこの本です。

　これからの小集団のデイサービス，または介護家族の団欒に少しでも役立てていただければ幸いです。

　　　平成 15 年 4 月

　　　　　　　　　　　　　　　　　　　　　　　　今井弘雄

もくじ CONT

はじめに　1

一月　集会で話すヒント　6
　1月のお話　楽しいお正月　7
　　お楽しみ　小さなグループでかるた取り　8
　　ゲーム　　福袋を作って遊ぼう　10
　歌レク体操　一月一日　12

二月　集会で話すヒント　14
　2月のお話　名ばかりの春　15
　　お楽しみ　トランプあそび　16
　　ゲーム　　日本列島〇×ゲーム　18
　歌レク体操　春よ来い　20

三月　集会で話すヒント　22
　3月のお話　3月は春で——す　23
　　お楽しみ　おひな祭で遊ぼう　24
　　ゲーム　　積木あそび　26
　歌レク体操　春が来た　28

四月　集会で話すヒント　30
　4月のお話　木の芽どきの月　31
　　お楽しみ　お花見　32

もくじ

ゲーム	連想ゲーム	34	
歌レク体操	春の小川体操	36	
五月	集会で話すヒント	38	
5月のお話	風薫る5月	39	
お楽しみ	端午の節句を楽しく	40	
ゲーム	新聞破り	42	
歌レク体操	草津節体操	44	
六月	集会で話すヒント	46	
6月のお話	6月水無月	47	
お楽しみ	あじさいあそび	48	
ゲーム	言葉つなぎあそび	50	
歌あそび	でんでん虫ジャンケン	52	
七月	集会で話すヒント	54	
7月のお話	土用丑の日	55	
お楽しみ	七夕あそび	56	
ゲーム	○のつくものなーに	58	
歌レク体操	桃太郎さん体操	60	
八月	集会で話すヒント	62	
8月のお話	8月は盆踊り	63	
お楽しみ	ミニ納涼祭	64	

ゲーム	スイカ割り	66
歌レク体操	リフレッシュ体操「夕日」	68

九月 集会で話すヒント 70
- 9月のお話　9月の月　71
- お楽しみ　敬老の日，お月見パーティー　72
- ゲーム　クイズあそび　74
- 歌レク体操　リフレッシュ体操「二人は若い」　76

十月 集会で話すヒント 78
- 10月のお話　食べ物のおいしい月　79
- お楽しみ　日ごろのうでを発揮してミニ文化祭で楽しもう　80
- ゲーム　新聞相撲　82
- 歌レク体操　わらべうた体操　84

十一月 集会で話すヒント 86
- 11月のお話　11月は時雨月　88
- 歌レク体操　もみじ　89
- お楽しみ　紙相撲で遊ぼう　90
- ゲーム　ボケ防止なぞなぞあそび　92

十二月 集会で話すヒント 94
- 12月のお話　12月年の暮れ　95
- お楽しみ　家族的雰囲気でクリスマスを祝う　96
- ゲーム　歳末大抽選会　98
- 歌レク体操　リフレッシュ体操「お正月」　100

本文イラスト：岡崎園子

少人数で楽しむ
レクリエーション
12ヵ月

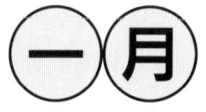 集会で話すヒント

****

　一月はお正月です。正月に門松を立てるようになったのは平安時代からで，それ以前は椿や榊を立てていました。

　松は古くから精霊の宿る木と尊ばれていました。里山の頂上の松に天から神が降りて宿るとされ，その松を伐ってきて門分けし，それぞれ立てました。松の内という松を納める間，歳の神が家の中で人々と一緒に過ごすとされていました。門松が取り払われた後の穴に門松のてっぺんだけがちょっとさしてあるのを見かけます。あれは「トブサ松」といって門松をとった後も，神様と別れを惜しんで松の先だけ残しておくというまじないといわれています。

　お正月には，お雑煮を食べます。このお雑煮は地方によって作り方もさまざまで，また，父親が関東人で母親が関西人で，住んでいる所が金沢といった家もあり，家々でそれぞれ違ったりします。

　雑煮というのですから，本来は色々なものを煮た椀という意味で，九州では里芋，人参，大根，ごぼう，昆布，ちくわ，京菜に餅を入れます。その他，とり肉，車海老，干し鮎を入れる所もあります。餅も丸餅であったり，切り餅であったりします。仕立ても味噌であったり，すましであったり，小豆汁であったりします。

　金沢では具を何も入れず，焼かない餅のおすましで，上に花かつをだけのせます。東京は一般的には，焼いた切り餅と，とり肉，かまぼこに小松菜，仕上げに三つ葉をちょっとあしらいます。

　お雑煮を食べると子ども達は，羽根つき，こま，手まりあそび，かるた取り，すごろく，若者は百人一首で遊んだものです。

1月のお話
楽しいお正月

　暮らしの中から古来のしきたりが失われていくこのごろです。子どものころのなつかしいしきたりを再現してみましょう。

　昔は1月1日の朝は井戸で「若水(わかみず)」をくみ、神様に供え、身を清めて、福茶をいただき、お屠蘇(とそ)とお雑煮とお節(せち)の正月膳(ぜん)を囲んで新しい年を迎えました。

　○福茶、お屠蘇

　　お茶の中に梅干し、黒豆などを入れ歳神様(としがみさま)のおられる恵方(えほう)に向かって飲むことで口の中を清め心身の邪気を払います。お屠蘇は、山椒(さんしょう)、防風(ぼうふう)、白朮(びゃくじゅつ)、桔梗(ききょう)、蜜柑(みかん)、肉桂(にっけい)の入った袋を酒、みりんにひたして飲むことで、体内の邪気を払うと共に健康酒としての役割を持ちます。

　○お節

　　一年でいちばん大きな節目のお正月のお膳のことを、お節といいます。

「田作(たづくり)」は、豊年を
「数の子(かずこ)」は、子孫繁栄を
「黒豆」は、まめで健康を
「昆布巻(こぶまき)」は、よろこびを
「くわい」は、目出たさを
願うためです。

お楽しみ
小さなグループでかるた取り

■用意するもの■
市販の「犬棒かるた」

■遊び方■
① はじめに，リーダーが読み手となり通常の「かるた取り」をします。
② 次に，リーダーは読み札をおしまいから読みます。例えば，「るたあにうぽばけるあもぬい」，こうして早くわかった人が札を取ります。途中でわからなくても最後の一字でわかります。
③ こんどは読み札を字が見えないように裏返しにして適当に並べます。どの人からでもいいですから順番に1枚だけ札をめくります。その札が例えば「論より証拠」だとしたら，そのことわざの意味をみんなで話し合います。（この意味は——口先で議論するよりも，事実を示す証拠を出すことが物事を明らかにする上で大切である，ということ。）

■留意点■
必ず「犬棒かるた」を使います。リーダーがあらかじめ読み札の意味を知らなくても，高齢者の多くは人生経験も豊富ですから教えてくれます。要は「犬棒かるた」を通して話し合いのきっかけになればよいのです。

ゲーム
福袋を作って遊ぼう

中に「おみくじ」の入った福袋を作り，みんなに配りましょう。

■用意するもの■

メモ用紙(くるくると巻ける程度のもの)，筆記用具，紙袋，その他福袋に入れるもの（例えば，のど飴等のお菓子，お手ふき，ティッシュペーパー，ボールペン等，100円ショップで買ったり，施設にあるもの等)

■遊び方■

① メモ用紙と筆記用具を配り，「おみくじ」を作ります。

上の方に大きな文字で「大吉」「中吉」「吉」と書き，次に，
　○うせもの
　○縁談
　○お金
　☆今年のあなたの運勢
を書きます。

これをくるくると巻いて端をちょっとのりで止めます。

※ 「凶」はやめます。

大　吉

○うせもの
　近いうちに出てきます。
○縁談
　思う人と結ばれるでしょう。
○お金
　宝くじが当たります。
☆**今年のあなたの運勢**は上り状況にあり，大きな病気もせず，健康で楽しいくらしができるでしょう。

② 次に福袋を作ります。

　福袋は，事務用のＡ４の紙袋でけっこうです。表に大きな字で「福袋」と書き，その中に「おみくじ」「お菓子」「ティッシュペーパー」等を入れます。

　この福袋を人数分作り，１ヵ所に集め，ちょっとしたゲームをして１人１袋ずつ配ります。

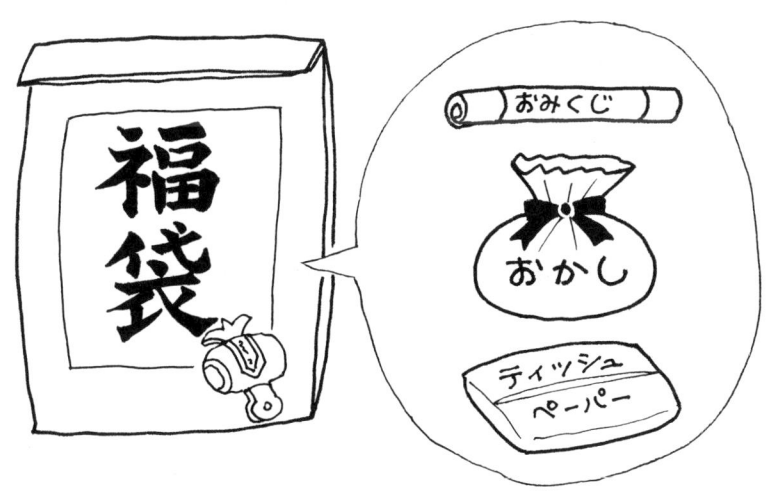

■留意点■

　年の始めの福袋ですから，せめて「おみくじ」は元気で景気のいいものにしましょう。

　施設の近くの神社から「お札」をもらってきて，大きな部屋に神社を作り，お賽銭箱(さいせんばこ)を置いて，お参りしてから福袋をもらうと雰囲気が出ます。

歌レク体操
一月一日

お正月はどうしても食べてばかりになってしまいます。そこで歌をうたって、体を動かしましょう。

■用意するもの■
しっかりとした椅子（折りたたみ椅子は不向き）人数分、黒板またはホワイトボードに「一月一日」（千家尊福作詞、上真行作曲）の歌詞を書いておく

■遊び方■
はじめに黒板に書かれた歌詞を見ながら「一月一日」の歌をうたいます。次にまるく輪になって座ります。うたいながら次の動作をします。

① 年の始めの　　　　　　　② ためしとて
　右隣の人の肩を8回たたく　　自分のひざを8回たたく

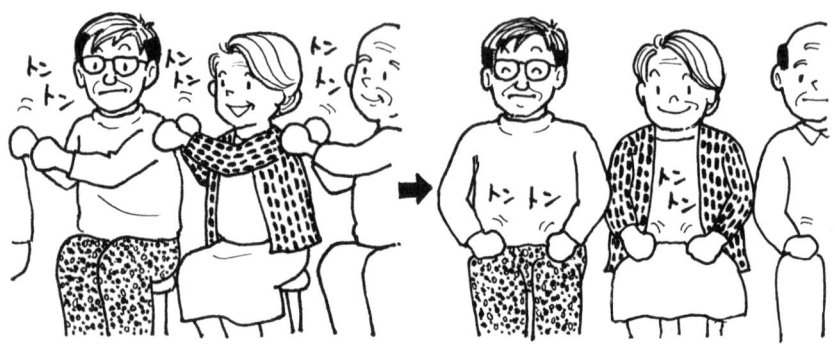

③ 終わり　　　　　　　　④ なき世の

左隣の人の肩を4回たたく　　自分のひざを4回たたく

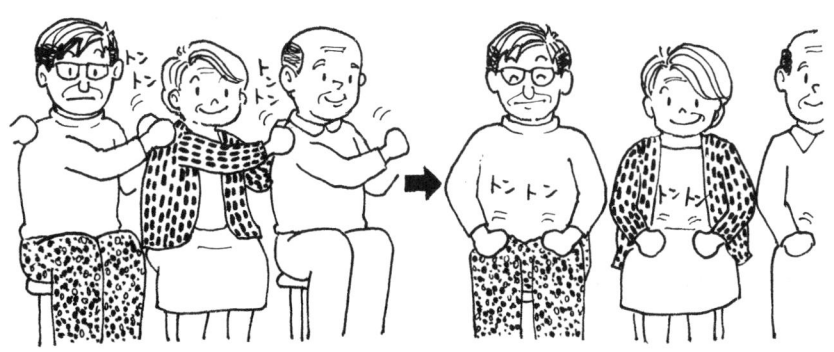

⑤ めで

右隣2回

⑥ たさ

左隣2回

⑦ を

自分のひざを1回

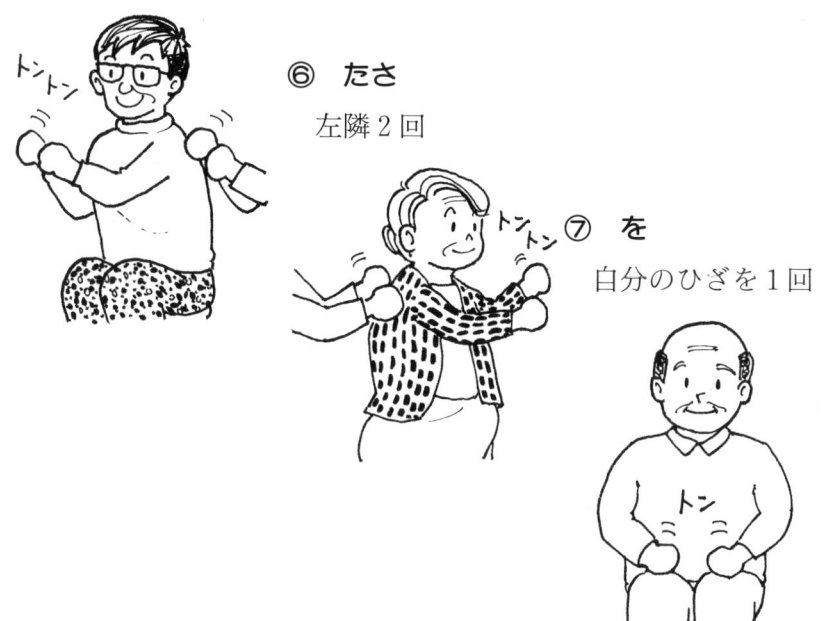

⑧ 松竹立てて〜楽しけれ　①〜⑦をくりかえす

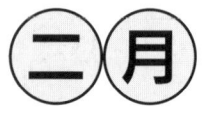 集会で話すヒント

＊＊＊＊＊＊＊＊＊＊＊＊＊＊＊＊＊＊＊＊＊＊＊＊＊

　2月は長い冬がやっと終わろうとしている月です。暦の上では節分から春になりますが，まだまだ寒い日が続きます。

　京都の吉田神社では厄塚というものが立ち，自分の干支，年齢を記した紙に豆を包んでこの厄塚に投げつけて厄払いをします。節分の夜には厄を落とすという風習は古くからあって，「ふぐりおとし」といって氏神へ参って人に見つからないように「ふんどし」を落としてくるのもあります。

　歌舞伎の「三人吉三」のお嬢吉三のせりふに「月は朧に白魚の……ほんに今夜は節分か……」とあるように，この時期，江戸時代には「白魚」がいっぱい取れました。江戸開府まもない年の冬，佃島の漁師が隅田川に網を入れると，見たこともない半透明な魚が数尾かかり，よく見ると頭に葵の御紋がある，これは大御所様の故郷のあの白魚に違いないとお城に献上したところ，たいへん喜ばれました。白魚は伊勢湾名物で，三河の国にいたころの家康の好物でした。

　また，この時期の蜆は，身がふっくらと太りおいしくなります。蜆には肝臓の滋養になる成分が含まれているので，油っこい料理の後や酒を飲みすぎた翌朝の蜆の味噌汁は欠かせないものとなっています。蜆といえば，大津の瀬田川の瀬田蜆，宍道湖のヤマト蜆，関東では利根川の蜆等が有名です。

　青いものでは，蕗の薹，芹が出てきます。蕗の薹のほろ苦い味と香り，芹の香りとシャキシャキとした歯ざわり，どちらも早春のものです。これに一壺の酒があれば申し分ないというものですね。

2月のお話
名ばかりの春

2月のことを「如月(きさらぎ)」といいます。「衣更着」とも書きます。

2月4日は「立春」で暦の上では，この日以後は「春」といいますが，それこそ「春」は名のみで，1年中で2月は一番寒い月です。

そんなとき思うのは，ゆっくり温泉に入りたいなあということです。長い間外国におられて，日本に帰り温泉に入ったとき日本人でよかったと思うという人が多いです。

さあ！ お湯に入りましょう。

入浴は疲れを癒し，心身ともリフレッシュさせ，寒くてこわばった筋肉をほぐし関節もほぐします。

入浴によって清潔になり気分をよくし，血行をよくします。

快適な入浴と安全のために
◎あまり長湯をせず，5～10分ぐらいにする。
◎浴室，脱衣場は暖めておく。
◎熱い湯に入らない。40度ぐらい。
◎滑り止めマットを敷いておく。
◎入浴後は水分を十分に取る。

お楽しみ
トランプあそび

　昔，寒いときはみんな「こたつ」に入って，家族や友達とトランプで遊びましたね。では，簡単なトランプあそびをしましょう。

■用意するもの■
トランプ

1．お金持ちあそび

■遊び方■

　トランプ全部を人数分配ります。（4人から5人ぐらいがいいでしょう。）「セーノ！」で各自1枚ずつ札を出します。その中で数が一番上の人が，出された札全部をもらうことができます。

　こうして手持ちの札が全部なくなるまでやります。終わったとき獲得した札の合計の数が一番多い人の勝ちです。

　例えば獲得した札が，2，3，5，6，6，A（1点），J（11点），Q（12点），K（13点）ならば，合計して59点となります。
※ジョーカーはどの札よりも強く，15点とします。

2．じじぬき

■遊び方■

　ジョーカーを除いて，トランプを順番に全部配りますが，最後の1枚だけは配らないで，ふせておきます。

　親を決めて，順番に「ばばぬき」と同じように隣りの人から札を

引き，同じ数字が2枚そろったら札を捨てていきます。
　こうして，最後に1枚残った人が負けになります。
※このゲームは最後まで，どの札が「じじ」なのかわからないので，ハラハラしておもしろいです。

ゲーム
日本列島○×ゲーム

　かつては日本列島の色々な所へ行った方もいらっしゃることでしょう。

　その回想や，今旅行に行けなくなっても頭の中で旅行するようにした○×ゲームをします。

■用意するもの■　　なし

■遊び方■

　リーダーは下記のような日本列島に関する色々な問題を出します。参加者は，正しいと思った人は頭の上で，両手で○を作り，まちがっていると思った人は×を作ります。（厚紙に表は○，裏には×を書き，それを上に上げるようにしてもいいでしょう。）

　まちがっていた場合，どこがまちがっているのか，みんなで話し合いをすると楽しくなります。

　また，2人組のチームを作り，各チームごとで相談し合って○×を決めるのも楽しいものです。

　要は，この○×ゲームを通して会話がはずめば，けっこうです。

■問題例■

問1　海のない県は埼玉県，群馬県，長野県，山形県である。
　　答え　×，山形県には海がある（この他，栃木県，山梨県，岐阜県，滋賀県，奈良県も海がない）

問2　現在の県名になる前に呼ばれていた旧国名です。河内（かわち）は大阪，

但馬は兵庫，薩摩は鹿児島，因幡は島根である。

　　答え　×，因幡は鳥取（島根は出雲，石見）

問3　各都道府県の花は何でしょう。東京は染井吉野，青森はりんごの花，山形はさくらんぼの花，埼玉県はサクラソウ，富山県はチューリップである。

　　答え　×，山形県の県花はベニバナ

問4　日本三景は，松島，天橋立，宮島である。

　　答え　○，では，それぞれ何県にあるでしょう（順に，宮城県，京都府，広島県）

問5　日本で一番南にある都道府県は沖縄県である。

　　答え　×，正しくは東京都で小笠原諸島の沖ノ鳥島が最南端

歌レク体操
春よ来い

春はもうすぐそばまで来ています。なつかしい子どものころの歌をうたって春を呼ぶ体操をしましょう。

■用意するもの■
黒板またはホワイトボードに「春よ来い」（相馬御風作詞，弘田龍太郎作曲）の歌詞を書いておく

■遊び方■
① 春よ来い　　　　　　② 早く来い
　③ 歩き始めた　　　　　④ みよちゃんが

 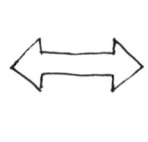 

右手を前に出して引っ込める　　左手を前に出して引っ込める

⑤ 赤い鼻緒の　じょじょはいて
軽くひじを曲げて前後に振る

⑥ おんもに出たいと 待っている
拍手7回

⑦ 春よ来い　　　　　⑧ 早く来い

⑨ お家の前の　　　　⑩ 桃の木の

首を右へ倒してもどす　　首を左へ倒してもどす

⑪ つぼみもみんな　　⑫ ふくらんで

首をぐるりと回す　　反対に回す

⑬ はよ咲きたいと 待っている　拍手7回

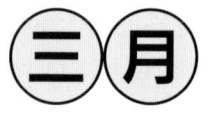 集会で話すヒント

✱✱✱✱✱✱✱✱✱✱✱✱✱✱✱✱✱✱✱✱✱✱✱✱✱✱✱✱

　3月といえば雛祭です。もともとは紙人形を作って枕の下に一夜置き，病気や災いを払うために自分の身代わりとして，その人形を川に流したのが始まりで，今でも鳥取県の用瀬町にはこの流し雛の風習が残っています。元禄のころから公家の正装をした内裏雛が作られ，そこに武家や公家の女の子の人形遊びが加わり現在の雛祭となったわけです。それとともに本来は川に流す人形が，箱に再び収められるようになってしまいました。

　このころになると，そろそろ冬鳥が帰り始めます。俳句の季語に「雁風呂」「雁供養」というのがあります。これは青森県南部地方の伝説で，秋に雁が渡ってくるとき，波の上で翼を休めるため木片をくわえてきます。日本に着くと用がなくなるので海辺に置いていきます。そして春になって帰るとき，またその木片をくわえていきます。したがって，雁が帰ったあと海辺には死んで帰れなくなった雁の木片が残ります。海辺の人はそれを憐れんで，その木片を集めて風呂を焚き，雁への供養の心で人々にもてなすのです。彼岸も過ぎるとそよそよと東風が吹いてきます。

　7日は消防の日です。江戸時代，大名火消しに対し，大岡越前守が町火消「いろは組」を作りました。組は四十八組に分かれて作られましたが，いろは四十八文字中「へ，ら，ひ，ん」の四文字は除き，その替わり「百，千，万，本」という組名にしました。

　野には色々な花が咲き始めます。花大根，れんげ，すみれ。木には椿，辛夷，白木蓮，彼岸桜，そして風にのって沈丁花が匂います。

22

3月のお話
3月は春で――す

　春の語源は，「草木の芽が張る」「田畑を墾る」「気候が晴る」から来ています。また，3月は弥生ともいいます。弥生は「いやおい」といって，いよいよ生い茂るということです。
　野山では，つくし，たらの芽，蕗の薹，わらび，よもぎ，芹を摘み，海辺では浅蜊，蛤，青柳を取ってその春を食べます。

　○啓蟄

　3月6日ごろは啓蟄といわれます。その意味は地中で冬ごもりしていた虫が春の訪れを感じ，草木の芽吹きとともに這い出てくることをいいます。

　○春分

　太陽が春分点に来るため昼夜の長さが等しくなるころです。この日を春彼岸といい，お墓参りが行われます。「暑さ寒さも彼岸まで」とはよくいったもので，春の彼岸を境に気温が上がりツバメもやってきます。やがてサクラの季節に入ります。

お楽しみ
おひな祭で遊ぼう

　ひな祭の日には何となく心が華やぎます。紙ひな人形を作って，桃の花をかざり，ちらし寿司，ひなあられ，白酒，甘酒，ワイン，ジュース等用意して，パーティーを楽しみましょう。

■用意するもの■

色紙（半分の大きさにしたもの，横長に使う），厚紙，のり，はさみ，桃の花，ひなあられ，飲み物（白酒，甘酒，ワイン，ジュース，お茶等），コップ，お皿

■遊び方■

　まず，紙ひな人形を作りましょう。
　色の違う色紙を用意し，少しずらして重ね，胴を作ります。

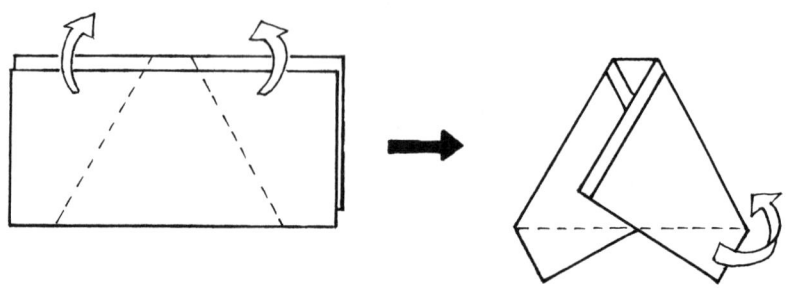

次に厚紙で顔や扇を作り，胴につけます。

できあがったひな人形をテーブルにかざり，パーティーをしましょう。

ゲーム
積木あそび

■用意するもの■

牛乳，ジュース等の空パック，紙製の小箱をたくさん用意する

■遊び方■

　2〜5人ぐらいがいいでしょう。輪になって座り，用意した空箱や空パックを真ん中に置きます。

　ジャンケンで最初の人を決め，その人から左，右どちらでもいいですが，隣の人を順番に決めます。

　最初の人は，用意してあるパック（箱）の中から1つ取り，中央に置きます。次に隣の人がその箱の上にパックを積みます。こうして，順番に箱やパックを高く積んでいきます。途中で倒した人は負けですので，その人には歌でもうたってもらいます。

　全部積み上げることができたら，今度はくずさずに順番に上から1つずつ取っていきます。途中でくずした人は負けです。何か恥をかかないですむ，やさしい罰ゲームをしてもらいます。

■留意点■

　大きさや形が違う色々な種類の箱やパックを用意してください。

歌レク体操
春が来た

　「春が来た」（高野辰之作詞，岡野貞一作曲）をうたいながら，肩の運動をしましょう。

① 春が来た
③ どこに

両肩をゆっくりと上げる

② 春が来た
④ 来た

肩をストンと落とす

⑤ 山に来た

左肩を回す

⑥ 里に来た

右肩を回す

⑦ 野にも来た

両肩を回す

春が来た

1　春が来た　春が来た
　　どこに来た
　　山に来た　里に来た　野にも来た

　　　　　2　花が咲く　花が咲く
　　　　　　　どこに咲く
　　　　　　　山に咲く　里に咲く　野にも咲く

3　鳥が鳴く　鳥が鳴く
　　どこで鳴く
　　山で鳴く　里で鳴く　野でも鳴く

四月 集会で話すヒント

****

　4月といえば入学式です。そして1年生の国語の教科書は「サイタ，サイタ，サクラガサイタ」というものでした。

　その通りに校門には桜の花が咲いていました。今は全般的に桜の開花は少し早くなっています。また春に「花」といえば桜のことをいいます。例えば「お花見」とか「花吹雪」など桜のほかにはいいません。また，このころ取れる鯛を「桜鯛」ともいいます。

　しかし，花といえば桜というようになったのは平安時代からで，それ以前は桜ではなく「梅」のことをいっておりました。桜の花が注目されたのは生活上の必要，つまり，その年の穀物の豊凶を桜の花の散り具合で占うためだったのです。花が予定より早く散ると悪い前兆で，花の散るのが遅くなるのを願ったものでした。

　お花見といえば，東京の千鳥が淵とか，関西では吉野山とかが有名ですが，それぞれ花の種類が違い，千鳥が淵は染井吉野で白く明るく，吉野は山桜で薄紅色で薄明るい感じがします。

　4月になると地面には黄色い花も咲きます。タンポポ，菜の花，ヤマブキ等があります。木では桜が終わるころ花水木や杏，桃，藤，北の方ではリラの花が咲きます。

　ちょうど気候も暖かくなって，弁当を持って野に出かけたり，潮干狩りをするのもこのころです。そういえば，だんだん眠くなってくるのも，このころですね。

4月のお話
木の芽どきの月

　4月は木の芽どきの月ともいいます。春先に落葉樹が芽吹き始めるからです。この芽吹きどきは暖かい日があるかと思えば寒さが戻る日もあります。日本海を抜ける低気圧が大風を吹かせ，砂ぼこりを立てたりするので，のどや目を痛めます。そこで昔の人は木の芽どきには病人が出るといいました。

　でも，4月の半ばころから清明風という清らかな暖かい風が東南から吹いてきます。そして，このころから北国の根雪も消え始め，八重桜が咲き始めます。地には黄色い花が咲きます。

　黄色の花の代表は「タンポポ」です。「タンポポ」の名前は，花のつぼみの形が鼓に似て見えるところから「つづみ草」と呼ばれていました。その鼓の音を昔の人は「タン，ポン，タン，ポン」と聞いたところから，子どもたちが「タンポポ」と呼んだのが語源です。

　今は，「タンポポ」は「西洋タンポポ」が多く，従来の「日本タンポポ」（西洋タンポポよりも茎の長さが短く，土の上にすぐ花が咲くように見える）は少なく，この日本タンポポのつぼみでないと鼓の形には似ていないともいわれています。

　ヨーロッパではこの花の名前を「ダンデライオン」（ライオンの歯）といいます。葉っぱがライオンの歯に似ているからだそうです。

お楽しみ
お花見

　お花見のころになると何となく気持ちがそわそわします。高齢者にとって，お花見は楽しい思い出であるとともに，来年も桜が見られるかといったような特別な意味合いを持つイベントです。その気持ちを大切に室内でお花見をしましょう。

■用意するもの■

画用紙，ピンクの色紙，のり，筆記用具，ちらし弁当，飲み物（お茶，酒，ビール等），紙コップ，敷物（ござ，または毛せん），ウェットティッシュ，カメラ，提灯（またはぼんぼり，夏祭などに用いるもの──なくてもよい），お団子，お菓子

■遊び方■

　まず，桜の花を作ります。ピンクの色紙を花びらの形に切ります。桜の花びらのできあがりです。画用紙に桜の木を描いてのりをつけます。その上に切った花びらを振りまき，満開の桜を作ります。これを壁に貼ります。

　会場の用意をします。敷物を敷いて，上の方には提灯やぼんぼりをつります。そして，飲み物と食べ物を用意します。

　さあ，これでお花見の準備はOKです。では，お花見の始まり，始まり。

※お弁当とお酒の代わりに，お茶とお団子でもいいでしょう。要はお花見の雰囲気が出ればけっこうです。

四月

ゲーム
連想ゲーム

4月ですね。そろそろ桜が咲くかなという所もあれば，いやもう散ったよという所もあります。高齢者にとっては桜というと人生の区切りと一緒になって特別な意味合いを感じるものです。

■遊び方■

リーダーは，はじめに「『サクラ』といえば何を思いつきますか？」と聞きます。

お花見，入学式，桜餅，川の土手，……

それでは，これを連想ゲームにしましょう。連想ゲームは前の人がいった言葉から連想したものをいってつなげていくあそびです。

例えば「春」といったら，そこから連想して「お花畑」，「お花畑」といったら「ハチ」……というように続けていきます。

「では，やってみます。それでは○○さん『サクラ』から連想して何かをいってください。」

■留意点■

高齢者はすぐに反応して連想はできませんので，ゆっくり待つようにしましょう。けっして急がせてはいけません。

また，「サクラ」にまつわる思い出等を話してもらうのもいいでしょう。

㋃

お花見！

ウーム

さくらです

歌レク体操
春の小川体操

「春の小川」（高野辰之作詞，岡野貞一作曲）をうたいながら，体の各部位を軽くたたきます。

① 春の小川は
両手で頭から顔，肩をたたく

② さらさら行くよ
胸から腹をたたいていく

③ 岸のすみれや
腰から太ももをたたく

④ れんげの花に
足のすね，足首をたたく

　　　　　　　　　　　　　　　　　　　　　　㊤

⑤　姿やさしく　　　　逆に足首から足のすねへとたたく
⑥　色美しく　　　　　太ももから腰へとたたいていく
⑦　咲けよ　咲けよと　腹から胸へとたたく
⑧　ささやきながら　　肩から顔，頭へとたたく

春の小川

1　春の小川は　さらさら行くよ
　　岸のすみれや　れんげの花に
　　姿やさしく　色美しく
　　咲けよ　咲けよと　ささやきながら

　　　　　　　2　春の小川は　さらさら行くよ
　　　　　　　　　えびや　めだかや　こぶなの群れに
　　　　　　　　　今日も一日　ひなたで泳ぎ
　　　　　　　　　遊べ　遊べと　ささやきながら

■留意点■

はじめに，歌だけをうたい，次に動作に入るといいでしょう。
ゆっくりとリズムに合わせて軽やかにしましょう。

五月 集会で話すヒント

****

　5月は一番美しい季節だといわれます。温度も快適で空気も乾いて，中でも美しいのは日光に輝く若葉の緑です。メーデーも本来は冬が終わり，春が来たことを喜ぶ英国の春祭です。

　5月5日は端午(たんご)の節句です。鯉幟(こいのぼり)が立てられるようになったのは，江戸時代です。室町時代，武家では端午の節句に家紋入りの旗(はた)指物(さしもの)や吹流しを軒端に立てる風習がありました。江戸の町人達がこれに倣(なら)って上げたのが鯉幟だったのです。

　では，なぜ鯉なのかといえば，中国の伝説で，黄河上流にある竜門の下には鯉がたくさん集まりこれを登ろうとするが，流れが激しくて登れません。もし，この竜門を登りきれば，その鯉は竜になれるという，登竜門(とうりゅうもん)の伝説から日本では立身出世の象徴として尊ばれ，男の子の初節句に鯉幟を立てるようになったといわれています。当時は鯉幟は紙でしたが，大正時代から布の鯉幟となりました。しかし，子どもには鯉幟より柏餅の方がうれしいに違いないでしょう。

　江戸の小話に，ある男が生きた鯉を抱えて大川の橋の上を通りかかったところ，鯉がはねて川の中へ逃げてしまいました。途方にくれていると水をいっぱいに入れた桶をかついだ水屋がやってきて，事情を聞いて同情し，桶の水を大川にザアザアと流し「滝だ！　滝だ！」といったところ，鯉が登ってきたというものがあります。

　また，「目には青葉山ほととぎす初鰹(はつがつお)──素堂(そどう)」という有名な俳句がありますが，江戸っ子が女房を質に置いても初鰹を食べたというのも，この季節です。

5月のお話
風薫る5月

　5月2日ごろは，立春から数えて八十八日目にあたり，この日を八十八夜といいます。この日は古くから農耕開始の目安とした日です。苗代（なわしろ）に種をまいたり，茶摘みをしたりします。この新茶を飲むと命が延びるといわれています。

　昔，中国では「三国志」にも書いてあるように，お茶は薬として扱われていました。

　中国の伝説によれば，神農氏（しんのうし）という皇帝が，あるとき木陰でまどろんでいると，一陣の風が吹いて1，2枚の緑の木の葉がそばにあった碗の白湯の中に舞い込みました。目覚めた皇帝がこの湯を飲むと爽快な心地になりました。この緑の葉がお茶であったといいます。

　日本では鎌倉時代に栄西（えいさい）が宋から抹茶をもたらし，江戸時代に明（みん）の僧の隠元（いんげん）が伝えたのが煎茶であるといわれています。

　歌舞伎の「髪結新三」（かみゆいしんざ）の幕開きでは，初夏を見事に背景にしています。幕が開くと，まずホトトギスの鳴き声が聞こえ，花道からは威勢のいい売り声で鰹売りがやってきます。縁側には新緑の植木鉢が置いてあります。そうです。「目には青葉山ほととぎす初鰹」を全部お目にかけましょうという趣向になっているのです。

　鰹というと，皮の部分をわら火で焦がした，皮付きのままの土佐造りが有名ですが，初鰹を好んで食べた江戸では刺身にして辛し酢や辛し味噌で食べていました。土佐造りという「たたき」が世に広まるのは，土佐が薩長（さっちょう）とともに天下を取った明治以降のことです。

お楽しみ
端午の節句を楽しく

　5月5日は子どもの日で「端午の節句」です。鯉のぼりを立てたり武者人形をかざったり，このごろは「かぶと」をかざります。
　では，「かぶと」と「鯉のぼり」を作って部屋にかざり，「こいのぼり」の歌をうたってお菓子を食べてお祝いしましょう。

1．かぶとを作る

■用意するもの■
新聞紙，カラー印刷された広告，のり
■遊び方■
　新聞紙を正方形に切り，かぶとを図のように折っていきます。
　広告の色を楽しみながらちぎり，できあがった「かぶと」に貼り絵のように貼り付けてかざります。

2．鯉のぼりを作る

■用意するもの■
画用紙，かぶと作りであまったカラー印刷の広告，のり
■遊び方■
　画用紙で鯉の原形を作り，その上に広告の色を楽しみながらちぎり，鯉の原形にちぎった広告を貼り錦鯉を作ります（図参照）。
　できあがった「かぶと」はかぶってみて，テーブルの上にかざります。鯉は壁面にかざり，ちまきとお茶をいただきながら楽しみます。

五月

◎かぶとの作り方

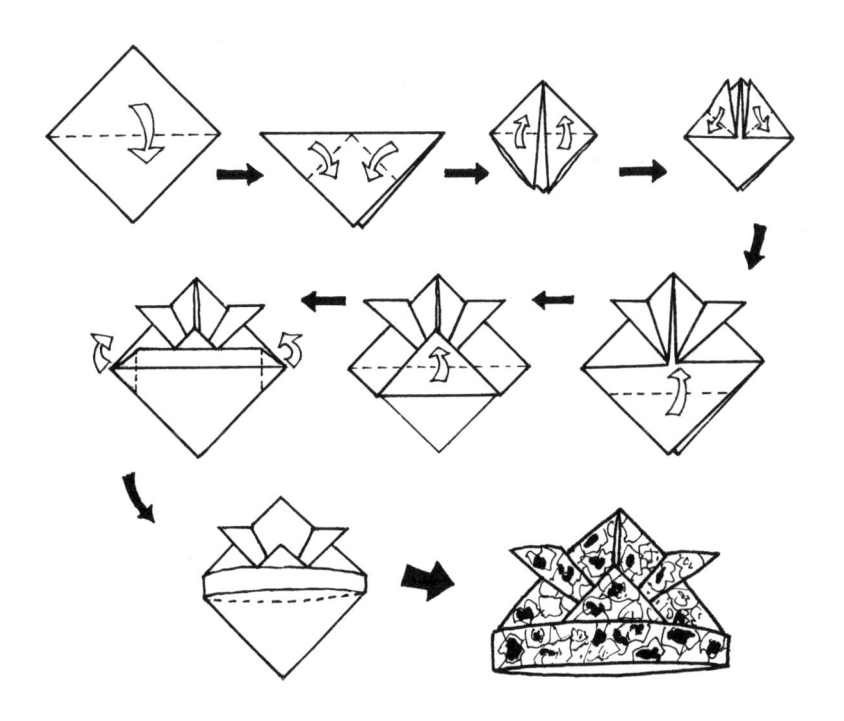

◎鯉のぼりを作る

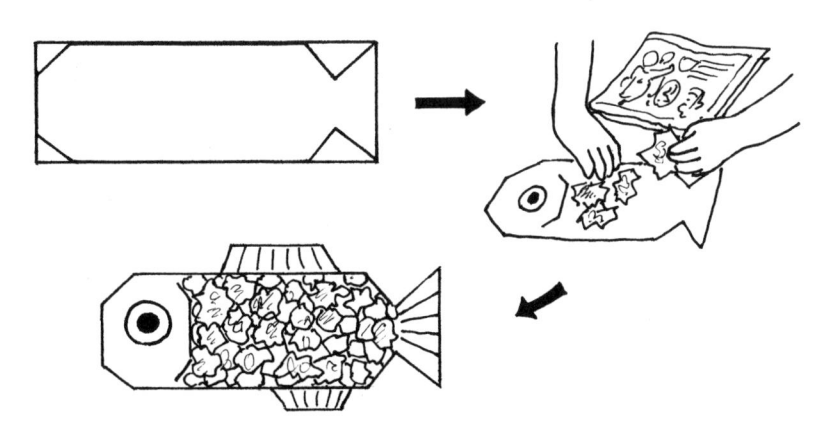

ゲーム
新聞破り

　人はどうしてもストレスがたまります。世の中の不条理なこと，家族や他人事等，この際思いきって古新聞を破ってストレスを解消しましょう。

■用意するもの■
古新聞数枚

■遊び方■
　職員（リーダー）は古新聞を広げて立ちます。参加者はその広げた新聞を職員の合図で思いっきり，こぶしをあげて新聞を破ります。
　破るとき「エイッ！」といっても，また日ごろのうっぷんを晴らすために「コノヤロー！」といって破ってもけっこうです。
　元気な人は足で破ったり，頭で破ったりしてもいいでしょう。

■留意点■
　職員は，それぞれの人に合わせて破りやすいように，新聞を持つ位置をかえてください。
　また，新聞はしっかりピーンと広げて張るようにしてください。
　職員2人で新聞を持つと顔に当たることもなく，破れやすいです。

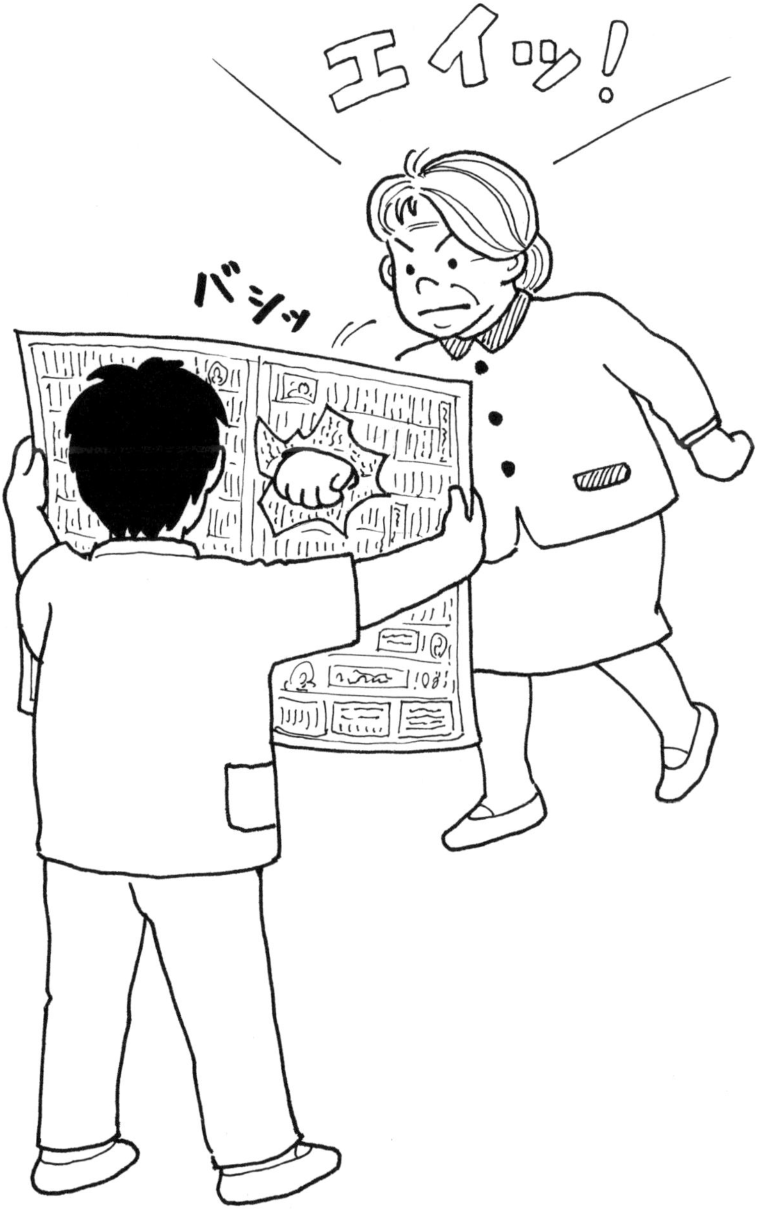
エイッ!
バシッ

歌レク体操
草津節体操

誰でも知っている「草津節」(民謡)をうたいながら体を動かしましょう。

■用意するもの■
模造紙に，歌詞を書いて見える所に貼る

草津節

1　草津よいとこ　一度はおいで　ドッコイショ
　　お湯の中にも　コリャ　花が咲くよ　チョイナチョイナ
2　お医者様でも　草津の湯でも　ドッコイショ
　　ほれた病は　コリャ　治りゃせぬよ　チョイナチョイナ
3　ほれた病も　治せば治る　ドッコイショ
　　好いたお方と　コリャ　添えりゃ治る　チョイナチョイナ

---

① 草津よいとこ
右手で左腕を上下にさする

② 一度はおいで
左手で右腕を上下にさする

③ ドッコイショ

しこをふむ

④ お湯の中でも

（右手で）頭に手ぬぐいを乗せるしぐさ

⑤ コリャ

左手も頭の上に

⑥ 花が咲くよ

手を下ろして，つぼみを作り，花が開くように軽く開く

⑦ チョイナチョイナ

両肩を2回上下する

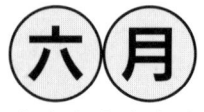

六月 集会で話すヒント

****

　6月1日朝，駅では，学生達がまるで魔法のマントを翻したようにいっせいに夏服に変わっています。衣更えです。宿題をよく忘れる子でも衣更えだけはけっして忘れないそうです。

　そして「梅雨」に入ります。「梅雨」というのは梅の実が実るころの雨から来ています。旧暦の5月に降る雨ですので「五月雨」ともいいます。このころは，「黴」が生えていやな季節だといいますが，お百姓さんには命がかかる大切な雨です。また「黴」は鰹節作りの仕上げの段階で非常に大切なものです。ご存知のペニシリンもこの黴から作られます。

　この時季は，雨が花を咲かせてくれます。あじさい，菖蒲，紅花，芍薬，立葵，えごの花，百日紅や夾竹桃もこのあたりから咲き始めます。雨の中にも美しい花がたくさん咲き始めます。

　「青梅」もこのころ，緑の木陰にかわいらしい実をつけます。奥多摩の青梅市にある金剛寺の庭に梅の老木があります。この梅は毎年秋になっても青い実を残しています。その木は昔，平将門が大願成就を誓った由緒あるものと伝えられ，それをとって地名としたといわれています。

　そして，6月の果物といえば「さくらんぼ」です。果物の宝石といわれているさくらんぼも，今のようにおいしくなったのは，つい最近の戦後からです。山形の東根町の「佐藤錦」は，初物は1粒がコーヒー1杯の値段だそうです。

6月のお話
6月水無月

六月

梅雨で雨がいっぱい降るのに，なぜ6月を「水無月」というのでしょうか。それは水を田に注ぐ月だからという意味から来ており，古くは「水の月」といわれていました。

この月になると山形の庄内地方では，もち米を笹で巻いて蒸して笹巻を作り，古里を離れた家族に送ります。もちろん，笹の葉には防腐剤のはたらきがあり蒸した米が腐らないこともありますが，もとは旧暦の端午の節句の祝い餅のチマキから来ています。チマキも元はもち米をクマ笹で包み，それを菅で巻いて蒸したものです。しかし京都では昔からの粽屋が，もち米ではなく葛粉で作っていました。それが現在のチマキになっていったのです。

中国の春秋時代，楚国の詩人屈原が，国の行く末を憂えるあまり旧暦5月5日に汨羅江（中国湖南省を流れる川）に身を投げ，姉や村人達はその霊を慰めるために米を草の葉で包んで川に流した，これが粽の起こりです。

また京都では祇園祭の山鉾はつい最近まで，その上から厄除けの粽を撒いていました。もちろん中身はなく笹の葉を粽の形に結ったものです。今も市中の家々では祭が近づくと，町内会から配られる厄除けの粽を玄関に下げます。青々とした笹は，防腐ばかりではなく，その青さから生命力を体内に取り入れて無病息災を願ったものです。

古里から送られた笹巻に黄な粉をまぶして食べるのは庄内地方の人のなつかしい思い出につながるものです。

お楽しみ
あじさいあそび

　あじさいは七変化といわれます。色が色々と変わっていくからです。では、あじさいを作って言葉あそびをしましょう。

■用意するもの■
青か緑の色紙数枚、ハガキ大の白紙数枚、七色のクレヨン（または色エンピツ）

■遊び方■
① 花を作ります。ハガキ大の白紙に七色を使って花を描きます。（右ページのように前もって花の輪郭を描いておき、色を塗っていくのもいいでしょう。）
② 青、または、緑の色紙であじさいの葉を作り（右ページ参照）、花と葉っぱを組み合わせてあじさいを作ります。
③ 次に色を使って連想ゲームをしましょう。例えば、「青」を使って、青といえば何を思うか、1人ずつ聞きましょう。「私は高原の空」「私は沖縄の海」「私は青春」……全部聞き終わったら、次に「赤」というふうに七色を使って連想あそびをします。
　また、色の付いた有名人の名前を考えるのもおもしろいでしょう。例えば「青」ならば、青江三奈、青島幸男、青木功、等。

六月

あじさいの花

あじさいの葉

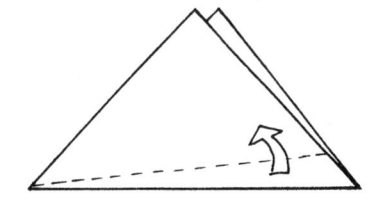

① 三角形に折り，輪の部分を図のように少し折り上げる

② 細長く段折りにする

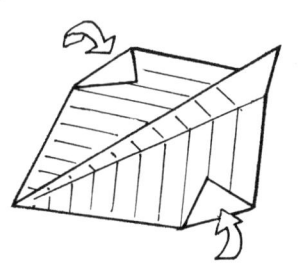

③ 真ん中を残して開いたら，角を折る

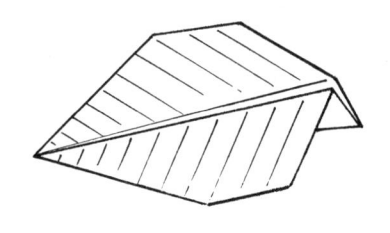

④ 裏返したら出来上がり

ゲーム
言葉つなぎあそび

　言葉つなぎあそびは考えることによる脳の活性化，ボケ防止につながるあそびです。

■用意するもの■

ハンカチ，ボールペン，キャラメル，小物等

■遊び方■

　職員も含め参加者はまるく輪になって座ります。

　まず職員がハンカチを1つ持って，「このハンカチはマッカーサーが日本を去るときにもらったものです」といって右隣の人に渡します。

　受け取った人は，職員がいったこととまったく関係のないことをいって右隣の人に渡します。例えば「このハンカチは力道山がトイレで使ったものです」……等。

　こうして回り終わったら次の品物を回します。

　例えば「このキャラメルは天皇陛下が渡米したとき持っていったあまりです」……等。

　こうして小物を隣の人へ渡すあそびです。

■留意点■

　なるべく突飛なことをいうようにしてください。

六月

このハンカチは
〇〇〇〇です

歌あそび
でんでん虫ジャンケン

でんでん虫をうたいながら指あそびをして，ジャンケンをし賞品をいただきます。

■用意するもの■
1人にキャラメル1粒ずつ，または，のどあめ1個ずつ

■遊び方■
全員テーブルのまわりに集まります。テーブルの真ん中にはキャラメルを1粒ずつバラけて置きます。

職員の合図で，「かたつむり」（文部省唱歌）の歌をうたいながら指あそびをします。

歌い終わったら，全員でジャンケンをし，勝った人がキャラメル1粒をもらいます。

① でんでん
② むしむし
③ かたつむ
④ り
⑤ お前の
⑥ あたまは
⑦ どこに
⑧ ある
⑨ 角出せ
⑩ やり出せ
⑪ あたま
⑫ 出せ

六月

七月 集会で話すヒント

****

　7月初めは梅雨がまだ残り，そのころの夜には蛍が舞い始めます。一時は蛍はいなくなっていましたが，川もきれいになり蛍を育てている所も多くなりました。子どものころの蛍狩りは竹箒(たけぼうき)をかつぎ，虫籠(むしかご)を持ち，「ホ，ホ，ホタル来い」とうたいながら，すくうように箒を振り回して蛍をつかまえたものです。

　梅雨が明けると強烈な夏の日差しが人々を照りつけます。夜は熱帯夜が続きます。そんな中，昔は金魚売りや風鈴売りがやってきて，のんびりと売り声をあげていました。

　夕立の後に虹がかかります。古代の中国人は虹を天井に住む巨大な「虹」という虫であると考えていました。それで「にじ」は漢字にすると虫偏がついているのです。

　7月7日の夜は「七夕」です。子ども心に短冊に願い事を書いたものです。七夕は「棚機」で織機のことですから，織女星にちなみ短冊には裁縫の上達を願ったものです。

　7月はデパートにとって大切な月です。「お中元」の大売り出しが始まります。「中元」は元は盂蘭盆(うらぼん)の行事で，正月十五日を上元，十月十五日を下元として祝うのに対し，七月十五日を中元の佳節として半年生存の無事を祝い，贈り物をしたのが始まりです。

　夏の花といえば，「ひまわり」でしょう。太陽に向かって回る花だから漢字では「向日葵」と書きますが，実際は回転運動はしません。

　暑さの中で一服の涼を感じるのが「沙羅(さら)の花」（夏椿ともいう）でしょう。合歓(ねむ)の花もやさしさが感じられます。

7月のお話
土用丑の日

　春夏秋冬の終わりの18日間を土用といいますが、今では夏の土用だけを指すようになりました。夏のこの間は暑さも激しく、丑の日にうなぎを食べる習慣があります。これは江戸時代、暑いのでうなぎを食べる人がなく困ったうなぎ屋が平賀源内に相談し、それならばと「本日土用丑うなぎの日」という看板を書いたことから発するようになったといわれています。地方によっては土用餅、ニンニク、小豆を食べて養生する所もあります。

　夏の日の午後、遠くから雷が近づき大雷鳴とともに土砂降りとなり、嘘のようにまた遠ざかっていきます。その後のすがすがしさは何ともいえず爽快です。天神様こと菅原道真が大宰府に左遷され悲しみと憤りのうちにそこで亡くなり、その後、都では落雷が相次いだために、道真の怨霊が雷になったのだと信じられるようになりました。ところが、都の中でもかつて道真の邸宅があった場所には一度も雷が落ちません。そこが「桑原」という所だったので、後に「桑原、桑原」と唱えると雷除けになるという伝説が生まれたわけです。

　7月10日は浅草観音の縁日で、この日参拝した者は一日で四万六千日参拝したと同じ功徳が授けられるといわれています。そこで、この日のことを「四万六千日」と呼んでいるわけです。また、この日は境内で鬼灯市が出ます。もともとはこの日の参拝客をねらって鬼灯を売ったのが始まりです。

　「亀四匹鶴が六羽の御縁日——川柳子」

お楽しみ
七夕あそび

　年に一度の七夕には短冊に願い事を書き、かざりましょう。そして、七夕あそびをしましょう。

■用意するもの■

笹竹、短冊（大きめの短冊型を色紙で作る）、ボールペン等筆記用具、ひも、色紙（短冊以外のかざり用）

■遊び方■

　それぞれ願い事を短冊に書き、笹竹につるす。短冊のほかに色紙を使ってかざる。かざりと短冊の付いた笹竹を部屋の隅にかざります。

　☆七夕あそびをする

　輪を作って座ります。職員（リーダー）は輪の真ん中に座ります。職員は「牽牛（けんぎゅう）」になり、参加者の1人を「織り姫」役にします。

　「牽牛」は手ぬぐいで目隠しをし「織り姫さん、織り姫さん」と呼びかけます。「織り姫」役の人は作り声で「はい、はい」と返事をします。「牽牛」はその声を聞いて織り姫が誰かを当てます。

■留意点■

　「織り姫」役の人は、なるべくわからないように作り声を作ってください。

㈦月

はい！
はい！

おり姫さん
おり姫さん

ゲーム
○のつくものなーに

連想あそびをします。連想あそびは思考力，知的刺激を引き出し，ボケ防止になります。

■用意するもの■
「いろはカルタ」（絵札のみ使う）

■遊び方■
参加者はテーブルを囲んで座ります。テーブルにはカルタの絵札を裏にしてバラバラに置いておきます。

ジャンケンをして勝った人が，裏にしてある札を1枚裏返します。その札が「あ」であれば，「あ」のつく品物をいって札を取り，その札を右隣の人にあげます。札をもらった人は前の人がいった「あ」のつく品物以外のものをいって，その札を右隣の人に渡していきます。

こうして「あ」の札が最初の人に戻ったらその札はその人のものです。また，全員でジャンケンをして同じようにしていきます。こうして一番多く札を集めた人が勝ちです。

■留意点■
一度練習をして，ルールを覚えてからしましょう。

㋆

ア、ア……
アイスクリーム

歌レク体操
桃太郎さん体操

「桃太郎」(文部省唱歌)の歌をうたいながら軽い体操をしましょう。眠っている体のあちこちを軽くたたき刺激を与えましょう。

桃太郎

1　桃太郎さん　桃太郎さん
　お腰につけた　きび団子
　一つ　私にくださいな

　　　　　2　あげましょう　あげましょう
　　　　　　これから鬼の征伐に
　　　　　　ついてくるなら　あげましょう

■留意点■

歌詞は見える所に書いておきましょう。
　このほかに，腰を左右に振ったり，太ももをたたいたり，肩をたたいたり，首を曲げたり色々なバリエーションでやってみるのもおもしろいでしょう。

㊆月

① 桃太郎さん　桃太郎さん

手拍子を4回する

② お腰につけた　きび団子

腰を左右交互に2回ずつたたく

③ 一つ　私にくださいな

両ひざを4回たたく

④ あげましょう　あげましょう

手拍子を4回する

⑤ これから鬼の征伐に

両手で頭を4回たたく

⑥ ついてくるなら　あげましょう

両足踏みを8回する

八月 集会で話すヒント

****

　8月に入ると東北三大祭が始まります。青森（ネブタ），弘前（ネプタ）のネブタ，仙台の七夕，秋田の竿灯，これらもみな七夕行事です。もともとネブタも7月7日に「ネブタ流し」といって，海や川に流してしまう流し雛と同じように汚れを形代につけて流すという「神送り」の行事が，夏の「ネブタイ」という睡魔を追い出す習俗と習合されたものといわれています。

　8月15日は終戦記念日（敗戦日ともいう）です。俳人の高浜虚子は小諸でこの日を向かえ，そのときの句が「敵といふもの今は無し秋の月」と詠んでいます。そして，この日はお盆です。

　盆の行事は各地さまざまですが，有名な所では京都の大文字焼です。珍しいのは大阪の七墓詣りというものです。盆の十五日の夜から夜明にかけて提灯をともし鉦をたたいて，無縁の仏を弔う七つの墓を回るというのがあります。そして24日は地蔵盆です。幼児が死んで賽の河原で石を積んで父母の供養をしていると鬼が現れて，いたずらをして石を崩してしまう，そんなとき地蔵菩薩が鬼をしかりつけて子どもの苦しみを救ってくれるといういわれからきています。

　さて，このころの食べ物に「心太」があります。

　もともと，ところてんの原料の天草を「こころぶと」と呼び心太と書いたことから始まったのです。このところてんを寒中，外に捨てておいたら寒気で凍り，朝になり再び解けてすかすかのものができあがった。これが寒天です。命名は隠元禅師だといわれています。

　ほかには韓国の国花の木槿がこのころから咲き始めます。

8月のお話
8月は盆踊り

　少し前まで8月15日のお盆のときは，村や町や，東京でも各所の空き地で盆踊りをやっていました。古里に帰り，ゆかたを着て友達と盆踊りに出かけ久しぶりの再会を喜び合ったものです。

　日本中この時期に各地で盆踊りがさかんに踊られるようになったのは，そんなに前ではありません。東京でさかんになったのは昭和の初めに東京音頭ができたころで，地方では戦後の炭坑節が出たころが盛大になったころです。だから今でもどこでも盆踊りとなると「東京音頭」と「炭坑節」は定番でどこでも必ず踊られます。

　舞は神様へのもてなしとお礼のために奉納するものです。ですから，巫女舞や神楽等は舞です。それに対して踊りは跳躍によって地面を踏み鎮め，踏み鳴らすことによって邪悪な地霊を退散させるためです。お盆に来る精霊を御馳走でもてなし，その後，踊りの中に捲き込んで送るというのが本来の盆踊りといえましょう。

　やぐらを組み，提灯をつるし，太鼓を打ちたたく今の盆踊りは戦後娯楽のなかったころの名残でしょう。

　関西では舞といい，関東では踊りという，それは一方は能を基本とし，一方は歌舞伎を基本にしているからでしょう。

　時代の移り変わりは常の世のことですが，今は盆踊りよりも阿波踊りの方が盛大になってきました。

お楽しみ
ミニ納涼祭

　日暮れの夏のひととき，生活に変化をつけるものに納涼祭があります。おおげさでなく家族的な雰囲気でミニ納涼祭をしましょう。

■用意するもの■

すだれ，うちわ，短冊，筆記用具，色紙，線香花火，ゆかた，風鈴，飲み物（ビール，ラムネ，お茶等），お菓子（綿あめ，和菓子等）

■遊び方■

　部屋の隅にすだれをかけ，そこに色紙で作った「朝顔」を貼ります。窓際には風鈴をつけます。

　参加者，職員はゆかたを着て，うちわを持ちます。

　始まる前に短冊に，俳句か，川柳，願い事でもよいので，書いてすだれにつけます。

　用意ができたら，始まりです。俳句（川柳，願い事）を1つずつ読んだりして，飲んで，お菓子を食べて，お話をして楽しみましょう。

　カラオケをするのもいいでしょう。

　最後に暗くなったら外に出て，線香花火を楽しみましょう。

八月

納涼祭

ゲーム
スイカ割り

　子どものころはよくスイカ割りをして，そのスイカを食べたことがあることでしょう。童心に帰って，スイカ割りをしましょう。

■用意するもの■
ビーチボール（なるべくスイカ柄のもの）1個，ビニール製の野球のバット（あるいは危なくない，ちょっと長めの棒），手ぬぐい（アイマスクでもよい），ダンボール箱，セロハンテープ

■遊び方■
　スタートラインを決め，少し離れた所（スタートラインから2，3歩の所）にダンボール箱を置き，ビーチボールを乗せ，転がらないようにセロハンテープでとめておきます。
　参加者は1人ずつ交替でスイカ割りに挑戦します。スタートラインで目隠しをして，スイカの所へ行き，思いっきりバットでたたきましょう。
　見ている人は「もう少し前」とか，「もっと右」とか，声援を送ります。

■留意点■
　別のテーブルにスイカを切って置き，スイカ割りが終わったところで，みんなで食べるのもいいでしょう。

もっと前!!

八月

歌レク体操

リフレッシュ体操「夕日」

　夏の夕焼けはきれいですね。みんなが知っている「夕日」(葛原しげる作詞，室崎琴月作曲)をうたいながら体を動かしましょう。

```
           夕日
1  ぎんぎん　ぎらぎら　夕日が沈む
   ぎんぎん　ぎらぎら　日が沈む
   まっかっかっか　空の雲
   みんなのお顔も　まっかっか
   ぎんぎん　ぎらぎら　日が沈む

2  ぎんぎん　ぎらぎら　夕日が沈む
   ぎんぎん　ぎらぎら　日が沈む
   からすよ　お日を追っかけて
   まっかに染まって　舞ってこい
   ぎんぎん　ぎらぎら　日が沈む
```

① **ぎんぎん　ぎらぎら**

両肩を2回まわす

② **夕日が**

バンザイをする

八月

③ 沈む
上から手を下に下げる

④ ぎんぎん ぎらぎら
　　日が沈む
①〜③を繰り返す

⑤ まっかっかっか
両手を広げて，左右に
体を振る

⑥ 空の雲
両手を胸の前で交差する

⑦ みんなのお顔も　まっかっか
⑧ ぎんぎん ぎらぎら
　　日が沈む
手のひらをキラキラ
させながら，大きく
2回まわす

⑤・⑥を繰り返す

九月 集会で話すヒント

****

　9月は月見の月です。中秋の名月に芋，団子，枝豆，芒(すすき)の穂を供え祝います。この風習は農耕行事の初穂祭と，ご来迎と同じく月を拝する信仰と，自分が生まれる前から，そして死後もこの月は同じように照っているのだという永劫感がこの行事になったといわれています。このように昔の人は月を大切に考え，月の出を待ちわびていたのです。今，都会は夜も明るく，名月も夜空にひっそりと忘れられてしまいました。

　この月の出のころ，庭では虫の音が聞こえます。江戸時代には「虫売り」が町を練り歩いていました。明治時代，虫の値段は鈴虫が一番安く，きりぎりすが一番高く，鈴虫の3倍もしたそうです。今のコーヒー1杯分の値段だったそうです。虫の声は，日本人の耳には音楽のように響きますが，欧米人には騒々しい雑音に聞こえるというのも不思議です。

　不思議といえば松茸もそうです。欧米人にいわせると松茸は味らしい味はしないし，ほかにもっとおいしい茸(きのこ)はいっぱいあるのに，といいます。たしかにやや歯応えのある繊維質のあるものにすぎないが，そこに染み込んだ香りがすばらしいと日本人は思うのです。

　そして，秋刀魚(さんま)が出始めます。昔の秋刀魚はもっとうまかったという人がいますが，それは七輪を据えて炭で焼いたからです。こうすることによって，炭に滴り落ちた脂がもくもくと煙を上げ，この煙で秋刀魚が燻(いぶ)されてうまくなります。今，庭で秋刀魚を焼くと消防車が飛んでくるような世の中になりました。

9月のお話
9月の月

　昔の人は月を大切に思い，月の出を待ちわびていました。
　十五夜の月を「望月(もちづき)」ともいいます。翌日を「十六夜(いざよい)」といい，日没後，のこのこといざようように出る月というところからです。次の17日の月を「立待(たちま)ち月」といい，月の出るのを立って待つというところからきています。次の18日は「居待(いま)ち月」といい，もう月の出を立って待っていられないというところからきています。

　9月の月を書いた美しい文章はいっぱいありますが，謡曲の「松風」は最も美しい場面があります。「さし来る潮を汲み分けて見れば月こそ桶にあれ，これにも月の入りたるや，嬉しやこれも月あり，月はひとつ影ふたつ，満つ潮の夜の車に月を載せて，憂しとも思わぬ潮路かな」この謡(うた)にのせて，海女(あま)の「松風」が潮汲み車を引いて振り返り月を見る場面は能舞台全体に月光がみなぎるように感じます。

　映画では「ティファニーで朝食を」の中で，オードリー・ヘップバーンが窓から差し込む月の光の中，「ムーンリバー」をギターで弾き語る場面が美しいものでした。

　狂言に「月見座頭」というのがあります。盲目のため月を見ることができない僧がせめて虫の音を聞いて楽しもうと出かけたところ，月見に来た男と出会い，その男と酒を酌み交わし歌を詠んだり舞を舞って楽しみました。別れ際，男は僧をからかってやろうと突き倒して去っていってしまいます。残された盲目の僧をただ月の光が照らしているだけであるという，哀愁をたたえた舞台です。

(お楽しみ) 敬老の日，お月見パーティー

9月11日ごろが十五夜の満月です。15日が「敬老の日」です。そこで両方合わせてミニパーティーをして楽しみましょう。

■用意するもの■

紙で作った大きなお月様，小箱，用紙，筆記用具，秋の花（ススキ，ハギ，ワレモコウ等があればいいでしょう），月見団子，飲み物

■遊び方■

部屋（またはホール）にお月見のかざり付けをします。テーブルの上に秋の花とお団子を置き，その後ろの壁の上に大きなお月様をかざります。

敬老の日のプレゼントを職員が作っておきます。それは小箱にプレゼントの内容を書いて入れて，リボンをかけます。プレゼントの内容は職員が考えた楽しいものにしてください。例えば「1千万円の宝くじ当たり券」「温泉旅行券」「ダイヤモンドの指輪」「おまんじゅう100個券」「肩たたき100回券」等。

このプレゼントをテーブルの上に置いておきます。

夕食後，月の出を見計らって，お月見をします。まず職員がお月見の話をし，参加者はお団子と飲み物を飲みながら楽しみます。

――月見の話は前ページを参考に――

続いて，敬老の日のプレゼントを参加者に差し上げます。ジャンケンをして，好きな小箱を1つ取ります。もらった人は箱を開いて大きな声で披露します。

九月

　その披露された内容をみんなで話しましょう。例えば「温泉旅行券」だとしたら「どこの温泉に行きたいですか」とか，答えに対して「どうしてですか」等と話を進めましょう。

ゲーム
クイズあそび

　秋の夜長，ちょっと考えるクイズあそびをしましょう。昔「20の扇」というクイズがありました。それは「それは植物ですか，動物ですか」と限定された中で答えを当てていくものです。
　ちょっとこれに似たクイズあそびです。

■用意するもの■　　なし
■遊び方■
　職員（リーダー）は限定されたテーマ「植物」「動物」「地理」「歴史」の中から1つ選びます。例えば「地理」ならば，さらにテーマを限定して「山，川，国，都市」の名前とします。
　参加者は輪になって座り，ジャンケンをして一番勝った人から「山，川，国，都市」の名前を1ついいます。その人の右隣の人は最初の人のいったものの一番初めの文字のついたもので，前の人のいった名前を除いたものをいわなければなりません。例えば「エジプト」とします。この場合，最初の文字は「エ」ですので，次の人は例えば「エベレスト」と答えます。その次の人は「愛媛県」……。
　こうして一回りしたら，またあらたにテーマを指定して（例えば，「今度は動物」），ジャンケンをして最初の人を決めていきます。

■留意点■
　高齢者はすぐに思いつきませんので，ゆっくりと待ち，職員はヒントをいうようにします。例えば，「温泉の名前でもいいですよ」。

九月

地理です！山や川の名、国、都市の名でーす。

エジプト

エ.エート…

英国でもいいかな？

(歌レク体操)
リフレッシュ体操「二人は若い」

まだまだこれから！ 「二人は若い」（サトウハチロー作詞，古賀政男作曲）を歌いながら楽しく踊りましょう。

二人は若い

1　あなたと呼べば　あなたと答える
　　山のこだまの　うれしさよ
　　あなた　なんだい　空は青空　二人は若い

2　ちょいとと呼べば　ちょいとと答える
　　山のこだまの　いとしさよ
　　ちょいと　なによ　風はそよ風　二人は若い

3　あのネと呼べば　あのネと答える
　　山のこだまの　やさしさよ
　　あのネ　なにさ　あとはいえない　二人は若い

---

① **あなたと呼べば**
男性が手を口元に当てて呼ぶ動作

② **あなたと答える**
女性は左手を上に上げる

九月

③ 山のこだまの
二人手をとり時計回りに
一回転

④ うれしさよ
そのまま反対回りで元に
もどる

⑤ あなた
女性は男性の肩を軽くたたく

⑥ なんだい
男性は両手を腰に

⑦ 空は青空　二人は若い
手をつないで自由に歩く

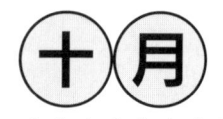

十月 集会で話すヒント

＊＊＊＊＊＊＊＊＊＊＊＊＊＊＊＊＊＊＊＊＊＊＊＊＊＊

　陰暦9月9日は重陽（ちょうよう）の節句で中国では酒に菊を浮かべて飲む風習があり，これは菊の持つ霊力によって邪気を払い長寿が約束されるというものです。重陽の前夜，菊の花に真綿をかぶせておき一夜のうちに菊の香りと露の染みたその綿で体を拭うと老いを防ぎ若返ると信じられていました。中国の伝説では，慈童という人が菊の露を飲んだところ700年経っても少年のままだったといいます。新潟の名酒「菊水」の名は，この故事によるものといいます。

　そのころ菊花展や菊人形が作られます。明治時代には本郷団子坂の菊人形が有名でしたが，その後両国国技館と浅草で興行として大規模な菊人形を始めたので，団子坂の菊人形は終わってしまい，今は知る人も少なくなりました。

　「菊水」といえば，初めて日本のワインを作った川上善兵衛の話があります。新潟の上越市で大地主の長男に生まれた善兵衛は明治の中ごろ自宅の庭をつぶし葡萄園を作り，その葡萄でワインを作り「菊水印純粋葡萄酒」として東京で売り出しました。彼が葡萄酒を作ったきっかけは，日本酒の代わりに葡萄酒が普及すれば米の節約になるだろうと考えたからだということでした。甲府盆地にサントリー山梨ワイナリーがあります。関東大震災で倒産したのを昭和11年に寿屋（現在のサントリー）が復興に取り掛かり，その指導をしたのが70歳になっていた，かつての川上青年でした。その川上青年に「新事業もよいが一文無しになるなよ」と忠告したのが勝海舟であったといいます。

10月のお話
食べ物のおいしい月

　秋は食べ物がおいしい季節です。新米，新ソバ，果物，茸，芋，秋刀魚，おいしいものばかりです。

　芋というと東京の人は焼芋になじみ深く「さつまいも」をいいます。山形の芋煮会のいもは「里いも」です。北海道では，芋といえば「じゃがいも」です。

　このころ茸飯がおいしいです。大人が好きなのは，松茸ご飯，子どもが好きなのは栗ご飯です。渋皮を除く作業はたいへんですが，一家揃って食べる楽しさはかけがえのないものです。安住 敦の句に「栗飯にする栗剥いてをりしかな」というのがありますが，その前書きに「久しぶりに米一日分を受配す，山の落栗を拾ひ来させて即ち」とあり，子を見守る父親の表情が見えてきます。昭和21年食糧難の時代の作です。

　果物で今あまり食べないものに石榴があります。

　古代インドの森に住む神霊ハーリーティーは千人の子を持つ母であるが，人の子をさらって食べてしまう鬼でもありました。その所業を見た釈迦はいましめのため，ハーリーティーの最愛の末娘を隠してしまいます。ハーリーティーは必死になって探しまわり，初めて子を奪われた親の悲しみに気づきます。このハーリーティーこそが子どもの守護神の鬼子母神です。この鬼子母神が持つ吉祥果が石榴です。(釈迦が人の子を食べないように石榴をあげたといわれています。)

　一説には石榴は人の身の味がするといわれています。

> お楽しみ

日ごろのうでを発揮してミニ文化祭で楽しもう

　日ごろの趣味や活動を展示たり，発表したりして一日を楽しく過ごしましょう。

■用意するもの■

展示のためのテーブル，セロハンテープ，模造紙，画鋲，色紙，短冊，筆記用具，将棋と将棋盤，碁と碁盤，「にせもの物品」

■遊び方■

　展示場を作ります。テーブルの上には生け花の得意な人に花を活けてもらい，その名前を書いて展示します。折り紙の得意な人は折った作品を模造紙に貼り，その模造紙を壁に貼り，俳句や短歌の得意な人には短冊に書いてもらい，それを壁に貼ります。習字の得意な人は自分の作品を展示しましょう。

　将棋の好きな人は将棋をさし，碁の好きな人は碁をうち，踊りの好きな人には発表できる時間を取ります。

　「ほんもの，にせもの展」を作りましょう!!
　テーブルにほんものと，にせものを並べて展示しましょう。
※ほんもの…施設長の湯飲み茶わん，高価な有田焼，等
※にせもの…一寸法師の使ったお椀の舟とかいの箸，美空ひばりが
　　　　　　飲んだ悲しい酒，芭蕉が書いた短冊「古池やカラス飛
　　　　　　び込む水の音」，天神様のサイン，等

十月

ゲーム
新聞相撲

スポーツの秋ですので，少し体を動かします。

■用意するもの■
古新聞数枚，椅子

■遊び方■
　古新聞を四つ折りにして，2人の頭が入るように穴を2つ空けておきます。
　参加者は自分に好きな「しこ名」をつけてください。2人が向き合って座れるように椅子2脚を置きます。
　職員は「しこ名」を呼んで，呼ばれた人を椅子に腰掛けさせます。そして2人に頭から新聞紙をかぶせます。
　行司（職員）の「はっけよい，のこった」の合図で，体を動かし相手側の新聞を破った方が勝ちです。

■留意点■
　立つのは反則で負けです。
　両者とも同時に破れたら，やり直しです。
　行司は「軍配」の代わりに「うちわ」を持つといいでしょう。

㊉㊊

ハッケ
ヨーイ

ノコッター
ノコッタ

歌レク体操
わらべうた体操

　昔，子どものころにうたって遊んだ手まり歌「あんたがたどこさ」を使って遊びましょう。

> 　あんたがたどこ Ⓢ　肥後(ひご) Ⓢ
> 　肥後どこ Ⓢ　熊本 Ⓢ
> 　熊本どこ Ⓢ　せんば Ⓢ
> 　せんば山にはタヌキがおって Ⓢ
> 　それを猟師が鉄砲で撃って Ⓢ
> 　煮て Ⓢ　焼いて Ⓢ　食って Ⓢ
> 　それを木の葉で　チョッとかぶせ

　別歌に「まつぼっくり」（広田孝夫作詞，小林つや江作曲）を使ってもよい。

■遊び方■

　最初はうたいながら，「さ」のところで拍手を1回します。
　次（2回目）は，好きなポーズを各自作り，「さ」のところでそのポーズをします。

㊉㊊

♪あんたがたどこ㋨　肥後㋨……

「さ」のところで，拍手を１回する

次に「さ」のところで，自分の好きなポーズをする

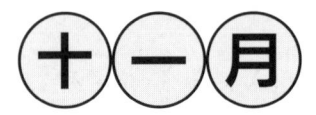

十一月 集会で話すヒント

****

　11月はお酉様の月です。「三の酉のある年は火事が多い」といわれていますが，これは火事が多かった江戸の人々がそういって火の用心をしたのです。

　酉の市には縁起物の熊手が売られます。もともと酉の市は葛飾の花又村（今は足立区花畑）の大鷲神社に農民が収穫を感謝して鶏を奉納したのが始まりで，そのとき家で作った熊手が売れ，その熊手が「運を鷲づかみする」と江戸商人にもてはやされました。それが「客をかき集める」ということから，吉原の近くの浅草の鷲神社で売られるようになりました。

　11月3日「文化の日」は，元は「明治節」でした。明治天皇の誕生日で，明治時代は「天長節」で，その後「明治節」となり戦後は「文化の日」となったわけです。

　そして15日は「七五三」です。七五三が始まったのは，比較的新しく江戸時代に入ってからです。幼児が無事に成長して1つの段階を経過した喜びを縁者とともに祝う儀式です。男女とも3歳になる

と初めて髪を伸ばし，その祝いを「髪置（かみおき）」といいました。5歳になると男の子は初めて袴をつける「着袴（ちゃっこ）」を行い，7歳の女の子はひもつきの着物をやめて帯を締める「帯解（おびとき）」という儀式を行いました。したがって，これらはみな当然和装ということになります。現在は，すてきなスーツや洋装に変わってしまいました。

　このころ京都では，すばらしい紅葉の季節を迎えます。楓（かえで），ななかまどの紅葉は一番美しいころです。ところが，平安時代には「もみじ」といえば黄葉を指していました。紅葉がもてはやされるようになったのは，都の貴族達がもてはやしてからで，そのころは梅も白梅より紅梅が好まれました。紅は王朝人の心をとらえたのです。

11月のお話
11月は時雨月

　時雨(しぐれ)とは，秋の末から冬の初めごろに，降ったりやんだりする雨のことです。「過ぐる」から出た語で，通り雨の意味です。特に京都の洛北の北山杉の時雨は有名です。京都の時雨は風がないので，真っ直ぐに降ります。山形では雪の降る前に時雨の季節がありますが，京都のように優雅ではなく，風に吹かれて大粒の雨が斜めに降ります。しばらくすると嘘のように晴れて空に美しい虹がかかります。そうして，しばらく日が経つと「雪起こし」という雷が鳴り，雨が雪に変わり冬に入っていきます。

　東京ではそのころ，春を思わせるような晴れて暖かい日があります。それを小春日和とも小六月ともいいます。それもつかの間で，このころから強い北西の風の木枯らしがやってきます。

　海辺や河原に千鳥を見かけるのもこのころです。ピヨピヨと可憐な声で姿も愛らしく，歩くとき稲妻のようにジグザグな形で歩いた足跡が砂浜などに残っています。酔った人の定まらない歩き方が，これに似ているので千鳥足といわれています。

　千葉で新しい落花生が取れ始めるのもこのころです。この「落花生」は，ほかに「南京豆」「ピーナッツ」という異名を持っています。「落花生」はまだ殻つきのままのもののことで，「南京豆」というのは殻をとり薄皮をつけたまま煎った半加工品で，「ピーナッツ」は薄皮もとって煎り，塩やバターをまぶした加工品のことだそうです。

　このころになると山茶花(さざんか)が咲きます。京都の詩仙堂の山門の白山茶花は見事なものです。

十一月

歌レク体操
もみじ

「もみじ」（高野辰之作詞，岡野貞一作曲）をうたいながら，肩たたき体操をしましょう。

① 秋の夕日に
　左肩を8回たたく

② 照る山　もみじ
　右肩を8回たたく

③ 濃いも　　同様に左肩を4回たたく
④ 薄いも　　同様に右肩を4回たたく
⑤ 数　　　　同様に左肩を2回たたく
⑥ ある　　　同様に右肩を2回たたく
⑦ な　　　　同様に左肩を1回たたく
⑧ か　　　　同様に左肩を1回たたく
⑨ に　　　　拍手を1回する
⑩ 秋を彩る〜裾模様　　①〜⑨を繰り返す

（お楽しみ）紙相撲で遊ぼう

　秋には大相撲の秋場所が始まります。昔，子どものころ遊んだ紙相撲をして遊びましょう。

■用意するもの■
大きめの空の菓子箱，厚めの用紙，ハサミ，筆記用具

■遊び方■
① 　菓子箱で土俵を作ります。（図参照）
② 　次に力士を作ります。大きさは土俵の大きさに合わせて作ります。
③ 　作った力士にそれぞれ好きな「しこ名」をつけて書きましょう。
④ 　どなたか1人「呼び出し」兼「行司」を決めます。参加者は東西に分かれて，いよいよ勝負です。呼び出しが力士の名を呼んで，行司の合図で始まりです。

■留意点■
勝ち抜きにするとおもしろいでしょう。

十一月

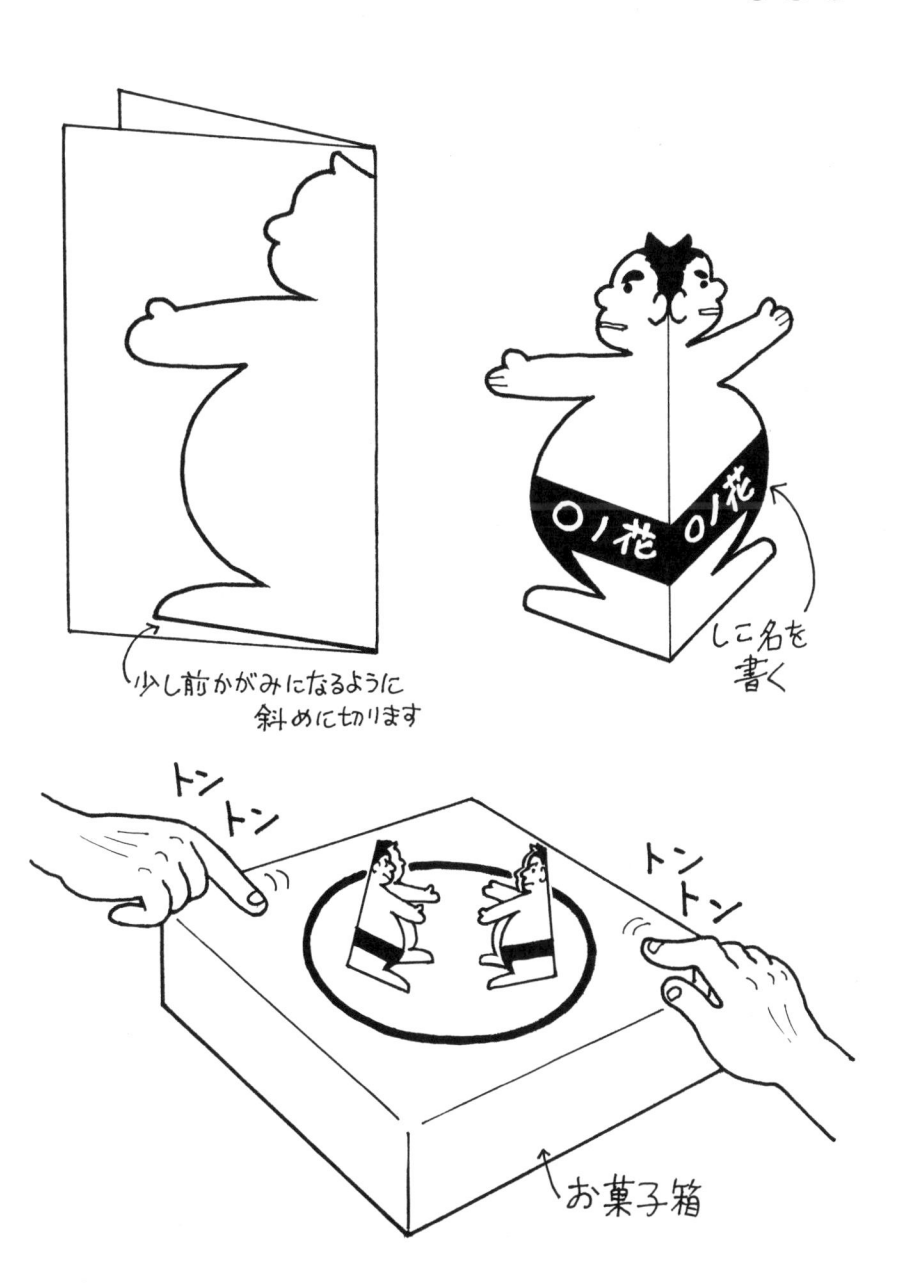

少し前かがみになるように斜めに切ります

しこ名を書く

トントン　トントン

お菓子箱

91

ゲーム
ボケ防止なぞなぞあそび

秋の夜長，ボケ防止のためにクイズあそびをしましょう。もし当たったら，ピーナッツ1つ，キャラメル1粒等の賞品を出すと楽しくなります。問題は昔のなぞなぞあそびです。

問1　売ったりしぼったりするもの，なーに？
　　　ヒント…火に注ぐとたいへんです。　　　　　答え　油

問2　切ったり結んだり打ったりするもの，なーに？
　　　ヒント…刃物で切るわけではありません。　　答え　手

問3　売ったり貸したり利かしたりするもの，なーに？
　　　ヒント…誰も買ってはくれません。　　　　　答え　顔

問4　埋めたり惜しんだり折ったりするもの，なーに？
　　　ヒント…ほんとうに折ったらたいへんです。　答え　骨

⊕⊖㋺

問5　毎朝首をしめるもの，なーに？
　　　ヒント…紳士の身だしなみです。　　　　答え　ネクタイ

問6　なきながら小さくしぼむもの，なーに？
　　　ヒント…縁日で売っています。　　　　　答え　風船

問7　乾いたものは脱いで，濡れたものを着るのは，なーに？
　　　ヒント…長いものです。　　　　　　　　答え　物干し竿

問8　ハサミや包丁で切っても切れないもの，なーに？
　　　ヒント…影ではありません。　　　　　　答え　水

問9　上に根が生えて下へ伸びるもの，なーに？
　　　ヒント…水に関係あります。　　　　　　答え　つらら

十二月 集会で話すヒント

****

　12月は「師走」です。年の暮れに僧侶や師匠が忙しそうに走り回るところからといわれていますが，ともかく忙しい月です。

　月初めに，「電話の日」というものがあります。今，普通「もし，もし」といってかける電話も，最初は「申します，申します」といっていたのが略されて「もし，もし」になったわけです。

　14日は「四十七士討ち入りの日」です。その1人，大高源吾は俳人で辞世の句は「梅でのむ茶屋も有べし死出の山」と残しています。

　それから，年の市，冬至，クリスマスそして大晦日になります。

　寒くなると体が暖まるおいしいものに鍋焼きうどんがあります。そもそも鍋焼きは魚や鳥の肉を煮て鍋のまま食べるものでした。そこへ，うどんを入れるようになったのが大阪で始まり，今の鍋焼きうどんになっていきました。北国では小ぶりの鍋にうどんと，てんぷらと葱だけで食べていましたが，関西では蒲鉾，竹輪，筍，椎茸，若布，かしわ，卵，葱，海老のてんぷら，それに焼穴子と豪華なものになり，「うどんすき」になっていったのです。また，京都市の西のはずれに水尾という柚子の里があります。冬至にはもちろん柚子湯に入りますが，ここは柚子が実るころから農家の民宿が，柚子風呂と柚子をあしらった地鶏の鍋でもてなしてくれます。

　「行く年」「年忘れ」という言葉には，過ぎていこうとしているこの一年間への感慨の念があります。この一年間の苦労を忘れる催しが「忘年会」です。本来は家族・奉公人が集まり互いにこの一年の苦労をねぎらうものでした。

12月のお話
12月年の暮れ

　12月に入ると何となくせわしく追いかけられているように落ち着きがなくなります。

　デパートをはじめ商店では歳末大売り出しの看板や放送，なぜか1日から街にはクリスマスソングが流れ，年の瀬には街頭募金の呼びかけが聞こえます。電車の中はセキやクシャミも多くなってきます。

　木枯らしの吹くころ，大根がうまくなってきます。おでん，風呂吹き，鰤大根，短冊に切った大根と油揚げを入れた熱い朝の味噌汁は冬が来たことを感じさせます。京都の了徳寺では，その昔近くの六人の住民が親鸞上人に塩焚きの大根を差し上げたのにならって，9日には人々に油揚げを入れて醬油焚きにしたものを振る舞います。

　「徒然草」に大根のおもしろい話が書いてあります。大根を万病の薬と信じて，長い間毎朝二本ずつ食べていた人が，敵に攻められたときに大根の化身と名乗る2人の武士に助けられるというものです。吉田兼好は「大根でも深く信じれば功徳があるものだ」といっています。

　冬至の日には「ん」の字が2つ付く食べ物を七種類食べるとよいという言い伝えがあります。「なんきん（南瓜）」「にんじん」「れんこん」「ぎんなん」「きんかん」「かんてん」「うんどん（うどん）」の七品です。

　このころ，山形の庄内では，「たら汁」がおいしいです。日本海で取りたてのたらをぶつ切りにして，大鍋で大根と葱といっしょに味噌で味付けします。現地で一度食べたらやみつきになります。

> お楽しみ
家族的雰囲気でクリスマスを祝う

　いくつになってもお祝い事は楽しいものです。ツリーをかざって，プレゼントとクリスマスカードをもらい，紅茶（コーヒー，お茶等）を飲んで楽しい話をしましょう。

■用意するもの■

模造紙，クリスマスカード，色紙，ハサミ，のり，筆記用具，ケーキ，飲み物（紅茶，コーヒー，お茶等）

■遊び方■

① 　ツリーを作ります。模造紙にツリーを描きます。色紙を使って星やベル，雪，プレゼントの小箱を作ってのりで貼り，壁にかけます。

② 　クリスマスカードを作ります。職員が1人1人にクリスマスカードのメッセージを書きます。

③ 　プレゼントの小箱を作ります。職員が1人1人にプレゼントの小箱を作ります。（心のこもったものなら，アメ1個とティッシュペーパーでもよい。）

④ 　パーティーをします。クリスマスソングをうたい，プレゼントとカードを1人1人にあげます。もらった人はそのカードを読みます。ケーキと飲み物を飲んで，今年一年の楽しかったことなどを話します。

十二月

※できれば、どこかでクリスマスにふさわしい紙芝居を借りてきて、職員が読んであげるとよいです。

ゲーム
歳末大抽選会

年の瀬です。夢でもいいから，どーんと大きいものを当てましょう。

■用意するもの■
ハガキ半分ぐらいの大きさの厚紙(参加人数より少し多めに)，筆記用具

■遊び方■
参加者にハガキ半分ぐらいの大きさの厚紙と筆記用具を配ります。その紙に自分の欲しいものを書きます。例えば，自動車，別荘，ダイヤモンド，旅行券等。残りの紙は職員が「残念でした」と書いておきます。

書き終わったら，テーブルの上に書いた面が見えないように裏返して，バラバラに混ぜて置きます。(職員の書いた残念札も入れます。)

「さあ歳末大抽選会の始まり，始まり」

順番を決めて，1人1枚ずつめくって賞品を見ます。

■留意点■
できれば絵に描くといいでしょう。

十二月

> 歌レク体操

リフレッシュ体操「お正月」

　子どものころよくうたった「お正月」(東くめ作詞，滝廉太郎作曲)の歌をうたって，体を動かしましょう。

■遊び方■

　初めは，2人組になります。どちらか一方の人が相手の肩をたたきます。

① もういくつ寝ると　お正月
　両手で肩をたたく

② お正月には　たこ上げて
　交替して，肩をたたく

十二月

※ここからは，1人で

③ こまを回して
   遊びましょう

拍手をする

④ 早く来い来い　お正月

ゆっくりと手のひらをキラキラ
させながら回す

お正月

1　もういくつ寝ると　お正月
　　お正月には　たこ上げて
　　こまを回して　遊びましょう
　　早く来い来い　お正月

　　　　2　もういくつ寝ると　お正月
　　　　　　お正月には　まりついて
　　　　　　追い羽根ついて　遊びましょう
　　　　　　早く来い来い　お正月

著者紹介
●今井弘雄
　1936年生，国学院大学卒，元医療法人社団明芳会板橋中央総合病院福祉課長。ヘルパー養成講座講師。
　日本創作ゲーム協会理事，子ども文化研究所委員。
〈おもな著書〉
『子育て支援のための手遊び・指遊び42』（黎明書房）
『集団ゲーム・罰ゲーム82』（黎明書房）
『バスの中のゲーム』（文教書院）
『2〜5歳　異年齢児・タテ割集団ゲーム集』（黎明書房）
『楽しい野外ゲーム75』（黎明書房）
『生きがいづくり・健康づくりの明老ゲーム集』（共著，黎明書房）
『ちょっとしたリハビリのためのレクリエーションゲーム12ヵ月』（黎明書房）
『ちょっとしたリハビリのための手あそび・指あそび』（黎明書房）
『車椅子・片麻痺の人でもできるレクリエーションゲーム集』（黎明書房）
『ちょっとしたボケ防止のための言葉遊び&思考ゲーム集』（黎明書房）
『おおぜいで楽しむゲームと歌あそび』（黎明書房）

〈参考にさせていただいた本〉
『高齢者のための年中行事とレクリエーション』竹垣幸子ほか監修，ひかりのくに
『高齢者のための歌レク体操』今井弘雄著，生活ジャーナル
『施設革命Ⅱ　ユニットケア』西谷達也著，筒井書房
『ちょっとしたボケ防止のための言葉遊び&思考ゲーム集』今井弘雄著，黎明書房

少人数で楽しむレクリエーション12ヵ月

2003年8月20日　初版発行
2011年7月25日　8刷発行

　　著　者　　今井　弘雄
　　発行者　　武馬　久仁裕
　　印　刷　　株式会社　太洋社
　　製　本　　株式会社　太洋社

発　行　所　　株式会社　黎明書房

〒460-0002　名古屋市中区丸の内3-6-27 EBSビル
☎052-962-3045　FAX 052-951-9065　振替・00880-1-59001
〒101-0051　東京連絡所・千代田区神田神保町1-32-2
南部ビル302号　☎03-3268-3470

落丁本・乱丁本はお取替します。　　ISBN978-4-654-05632-3
© H. Imai 2003, Printed in Japan
日本音楽著作権協会(出)許諾第0309016-108号